VIE

DE SAINTE MONIQUE,

PAR

LE COMTE DU COETLOSQUET.

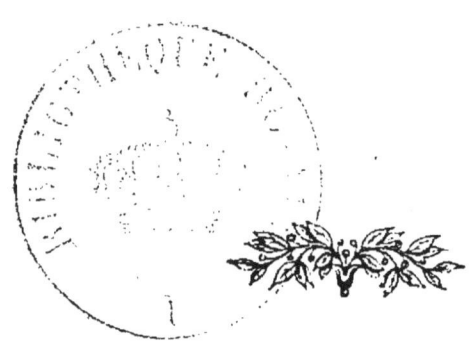

PARIS,
CHEZ WAILLE, LIBRAIRE,
8, RUE CASSETTE.

1845.

METZ, DE L'IMPRIMERIE DE COLLIGNON.

VIE

DE

SAINTE MONIQUE.

Dieu est admirable dans tous *ses saints* (a): — Admirable, sans doute, dans ces âmes d'élite, appelées, par une vocation extraordinaire, à marcher dans les voies de la perfection évangélique, et qui commencent à vivre ici-bas de la vie des anges; mais je ne sais s'il ne l'est pas davantage encore dans celles qu'il se plaît à sanctifier tout en les laissant au milieu

---

(a) Psaume 67.

du monde : tendres fleurs qui, exposées au souffle desséchant des passions, des scandales, des séductions de toute nature, conservent, sous l'abri de la grâce céleste, l'éclat de leur couleur et la suavité de leur parfum. Du moins leurs vies sont-elles, entre toutes, les plus utiles à méditer : elles offrent des exemples plus proportionnés à notre faiblesse, elles arrachent mieux à celle-ci les prétextes dont elle voudrait se couvrir, elles lui crient, d'une voix retentissante : « Lâche
» chrétien ! ne saurais-tu faire ce qu'ont
» fait, dans la profession même où tu
» es, ces fidèles serviteurs, ces pieuses
» servantes de ton Dieu ? (a)

C'est à cette dernière classe qu'appartient la Sainte dont nous écrivons l'histoire. Ce récit n'offrira au lecteur, ni de ces événements extraordinaires qui

---

(a) Non poteris tu, quid isti et istæ ? — Voir les *Confessions de saint Augustin*, Livre 8.

frappent vivement l'imagination, ni de ces vertus éclatantes qui jettent l'âme dans une sorte de ravissement extatique, ni de ces miracles nombreux par lesquels Dieu se plaît quelquefois à honorer et à récompenser dès ce monde la sainteté, mais qui ne sont ni un signe certain, ni un signe nécessaire de celle-ci. Et toutefois, cette femme, dont l'existence entière s'est renfermée dans l'exercice des modestes vertus de la vie commune, elle a laissé un nom qui est bien loin d'être sans gloire. A défaut de miracles dans l'ordre de la nature, Dieu a voulu qu'elle servît d'instrument à l'un des plus beaux miracles de la grâce dont l'histoire ecclésiastique ait consacré le souvenir. L'Eglise l'honore comme le modèle et la patronne des épouses et des mères chrétiennes; et il est peu de Saints à qui l'on puisse appliquer avec plus de justesse cette parole de la Reine des Mères comme des Vierges : « Le Seigneur

» a jeté un regard sur son humble ser-
» vante, et toutes les générations l'ap-
» pelleront bienheureuse (a). »

Sainte Monique naquit en Afrique, en l'an de grâce 332. L'histoire ne nous a rapporté ni les noms de ses parents, ni le lieu précis qu'ils habitaient : tout ce qu'elle nous apprend d'eux, c'est qu'ils étaient chrétiens, et qu'ils vivaient dans la crainte de Dieu (1).

Qui ne se souvient d'avoir rencontré dans une de ces familles, trop rares aujourd'hui, où se conservent les traditions des mœurs patriarcales, quelque vieux serviteur qui est né dans la maison, y a grandi, y a concentré son existence entière, qui s'est comme identifié avec elle? Sa fidélité et son affection, longtemps éprouvées, commandent la vénération ; s'il a des défauts (et où trou-

(a) Saint Luc, chap. 1.

ver l'être qui en soit exempt?) on les lui pardonne volontiers en considération de ses vertus. — Et telle était une femme à laquelle les parents de Monique avaient confié, avec la surveillance de leur ménage, celle de leurs filles. Plus âgée de quelques années que son maître, elle l'avait, dans sa première enfance, enfant elle-même, porté sur ses bras : ces anciens souvenirs, sa vieille expérience, la sévérité de ses mœurs, tout se réunissait pour la faire regarder, moins comme une domestique, que comme une seconde mère. Sa conduite, au surplus, justifiait pleinement la confiance qu'on avait placée en elle. Elle n'usait de l'autorité dont elle était investie, que pour porter au bien ses jeunes pupilles : mêlant à propos la fermeté et la douceur ; sévère quand il le fallait, mais d'une sévérité constamment réglée par la prudence et la discrétion. Souvent elle leur recommandait de réprimer leurs penchants naturels, et de savoir même, au besoin, se priver des plaisirs permis, afin de ne pas être exposées à passer, de l'habitude de ceux-ci, à celle des plaisirs défendus. Ainsi, par exemple, exigeait-elle qu'elles s'abstinssent de toute boisson hors les heures de leurs repas ; et s'il arrivait que l'une des jeunes filles, après avoir enfreint cette règle, s'excusât en disant : « Mais, notre mère, » je n'ai bu que de l'eau ; » la bonne vieille femme secouait la tête : « De » l'eau !... Oui, rien que de l'eau, parce » que vous n'avez pas autre chose sous » la main ; mais viendra le temps où un » mari vous confiera les clefs de ses » buffets et de sa cave ; alors l'habi- » tude de boire sera prise, et vous trou- » verez l'eau bien insipide (2). »

— « Celui qui n'a pas été tenté, que » sait-il ? (*a*) » a dit le Sage. Souvent les

---

(*a*) Ecclésiastique, chap. 34.

leçons et les exemples d'autrui sont insuffisants pour nous préserver du vice ; et alors Dieu, dans sa miséricorde envers ses élus, permet qu'ils tombent dans quelque faute grave, afin que l'expérience de l'infirmité qui leur est propre, leur apprenne à s'humilier devant lui, à se défier d'eux-mêmes, et à ne se confier qu'en lui seul. Ainsi en usa-t-il à l'égard de Monique. Soit qu'elle fût l'aînée de la famille, soit que ses parents eussent plus de confiance en elle que dans ses sœurs, c'était elle qu'ils chargeaient d'aller faire la provision de vin pour les repas de la journée. Un matin qu'elle était descendue au cellier pour s'acquitter de cette tâche, avant de verser dans la bouteille le vin qu'elle venait de puiser à la cuve, elle céda au désir d'en approcher ses lèvres. C'était plutôt fantaisie d'enfant qu'intempérance ; car, loin d'aimer le vin, elle avait pour cette liqueur une répugnance naturelle : aussi en avala-t-elle à peine quelques gouttes. Mais, comme l'a dit l'Esprit-Saint, « Qui néglige les petites fautes, tombe » insensiblement dans les grandes (a); » et il arriva qu'ajoutant chaque jour quelque peu de chose au peu qu'elle avait pris la veille, elle finit par se laisser aller à en boire avec avidité jusqu'à une coupe entière à la fois (3). Ainsi cette honteuse passion faisait des progrès rapides, et elle aurait fini par perdre Monique, si Dieu, qui veillait sur elle, n'eût résolu de l'en guérir; et comment le fit-il?.... Par de sages avis, sortis d'une bouche bienveillante?... Non; par la parole rude et grossière d'une servante (4). Cette fille (c'était précisément celle qui l'accompagnait d'ordinaire au cellier, et qui par conséquent avait été témoin de tout ce qui s'y passait), ayant eu un jour une dispute avec sa jeune maîtresse, s'échap-

---

(a) Ecclésiastique, chap. 19.

pa, dans la colère, jusqu'à l'appeler *ivrognesse*. Ce reproche outrageant fut pour Monique comme un coup d'aiguillon qui l'aurait frappée : à l'instant elle rentre en elle-même, elle reconnaît sa faute, elle en rougit, elle prend la ferme résolution de se corriger ; et elle l'était en effet entièrement et pour toujours (5).

Nous ne savons rien de plus de la jeunesse de Monique jusqu'à l'époque où elle fut demandée en mariage par un bourgeois de la ville de Tagaste, nommé Patrice. Son père et sa mère étaient, nous l'avons dit, des gens honnêtes et religieux ; et toutefois, en cette circonstance, ils commirent une faute dans laquelle, aujourd'hui encore, tombent beaucoup de parents chrétiens : ils se bornèrent à consulter les convenances de naissance et de fortune, et, comme elles se rencontraient dans le parti proposé, ils se hâtèrent de l'accepter, sans s'embarrasser d'autres convenances bien plus essentielles cependant, celles des caractères, des principes, et surtout de la religion.

L'époux de Monique était plongé dans les ténèbres de l'idolâtrie ; ses mœurs étaient loin d'être irréprochables ; il avait, à la vérité, un cœur bon, sensible et généreux, mais ces heureuses qualités étaient trop souvent altérées par l'effet d'un tempérament irritable à l'excès (6). Avec un caractère de cette trempe, un homme aura une vive affection pour sa femme et ses enfants, il désirera sincèrement leur bonheur, il se figurera peut-être qu'il les rend heureux en effet; et il les fera souffrir tous les jours, à toutes les heures..... Monique souffrit beaucoup ; mais, soutenue par sa foi et sa piété, elle ne se laissa point abattre. Se souvenant sans cesse de ce précepte de saint Paul : « Que les femmes

» soient soumises à leurs maris ; (*a*) » elle considérait dans le sien, non pas ce qu'il était réellement, à savoir un homme bien inférieur à elle et pour l'esprit et pour le cœur, mais le dépositaire de l'autorité divine ; et elle lui obéissait comme à Dieu même (7), dans les plus petites choses aussi bien que dans les grandes, avec empressement, avec joie, prévenant tous ses désirs, veillant à ne pas lui donner le plus léger prétexte de plainte. Profondément affligée de voir qu'il n'adorât pas Jésus-Christ, elle comprit que si Dieu le lui avait donné pour époux, ç'avait été sans doute dans le dessein de se servir d'elle pour lui conquérir cette âme infidèle ; et telle fut l'œuvre à laquelle elle se dévoua tout entière ; mais quels moyens employa-t-elle pour l'accomplir ? rarement le langage de la parole ; souvent, tous les

(*a*) Epitre aux Ephésiens, chap. 5.

jours, celui des actions. Par une conduite constamment pure, elle s'attacha à se concilier à la fois son respect et son affection. « Si la beauté des traits (pensait-elle), captive les yeux du corps, pourquoi la beauté de la vertu ne produirait-elle pas un effet semblable sur les yeux de l'intelligence ? » Ainsi espérait-elle que son mari, en voyant par son exemple ce que c'était qu'une femme chrétienne, passerait, de l'amour de sa personne, à celui de la Religion qui l'inspirait dans toutes ses démarches (8). Cette confiance lui rendait plus facile la pratique du devoir le plus pénible entre ceux que sa position lui imposait : c'était de supporter patiemment les fréquentes infractions de son mari à la foi conjugale ; elle s'interdisait à cet égard, non seulement les murmures, mais la plainte, et jusqu'au simple reproche : « Qu'il devienne fidèle à Dieu (se disait-elle), et, dès lors, il le sera à son

» épouse (9). » Et quand elle le voyait se livrer à la violence de ses emportements, elle n'avait garde de l'exciter davantage par une parole ou par un geste ; elle attendait en silence que l'accès de la colère, cette fièvre de l'âme, fût calmé ; alors, elle profitait de la première occasion favorable pour lui rendre un compte exact de ce qu'elle avait fait, et l'amener à reconnaître son tort (10). Grâce à ces sages ménagements, les nuages qui s'élevaient fréquemment du côté du mari n'altérèrent jamais d'une manière sensible la paix domestique, pendant toute la durée de leur union.

Un jour où elle se trouvait en société avec plusieurs de ses voisines, celles-ci, qui étaient fort malheureuses dans l'intérieur de leur ménage, cherchèrent, comme il arrive assez souvent entre femmes, à se soulager en se faisant mutuellement le récit de leurs peines. Comme donc elles disaient les mauvais traitements qu'elles avaient reçus, et que plusieurs même en montraient les marques empreintes sur leurs visages, Monique prit enfin la parole : « Au lieu de » tant vous plaindre de vos maris (dit- » elle), n'auriez-vous pas plus de rai- » son de vous plaindre de votre langue? » Et, l'une d'elles lui ayant demandé comment il se faisait qu'elle-même n'eût jamais éprouvé rien de semblable, Patrice étant connu pour être l'homme le plus violent de toute la ville, elle reprit en souriant : « Cela tient peut-être à » ce que j'ai mieux compris que vous » autres, que le contrat de mariage n'est » pour nous, dans la réalité, autre » chose qu'un contrat de servage. » Et elle se mit à leur raconter avec candeur le plan de conduite qu'elle s'était tracé, tel qu'il a été exposé tout à l'heure. Quelques-unes de ces femmes suivirent son exemple; elles s'en trouvèrent bien, et vinrent la remercier de ses sages avis :

les autres continuèrent d'être maltraitées comme par le passé (11).

La vertu de notre Sainte devait être encore soumise à une autre épreuve. La mère de son mari, abusée par les faux rapports de quelques servantes, avait conçu des préventions fâcheuses qui l'aigrissaient contre elle. Pour vaincre cette mauvaise disposition, Monique eut recours à ses armes habituelles : la patience, la douceur, la déférence; et elle finit par y réussir à ce point, qu'une douce et étroite intimité s'établit à la longue entre ces deux femmes (12). Ainsi était-elle, dans sa maison, comme un ange de paix : et pourtant ce n'était pas assez pour elle. Cette paix, si souvent, hélas ! dédaignée dans le monde, avait tant de prix à ses yeux, qu'elle travaillait encore, en toute occasion, à la faire régner au dehors. Deux personnes divisées entr'elles venaient-elles, chacune de son côté, lui dire sur le compte de l'autre de ces paroles amères, telles qu'il en échappe souvent dans la première chaleur du ressentiment; non seulement elle se gardait d'en rien communiquer à personne, mais elle s'interposait pour les réconcilier ensemble (13), montrant en cela combien elle était pénétrée de l'esprit du Christianisme; car si le sentiment d'une bienveillance naturelle porte l'homme à s'abstenir de tout ce qui pourrait allumer la haine entre ses semblables ou l'accroître, la vraie charité, celle qui a sa source dans le ciel, fait plus : elle s'efforce de l'éteindre (14).

Les pressentiments heureux que Monique avait conçus sur son mari, ne devaient pas la tromper. Après une longue et pénible attente, elle apprit avec une joie indicible que la grâce avait enfin touché ce cœur rebelle. Il se fit instruire dans la foi catholique; il demanda et reçut le baptême. Une fois chrétien de nom, il voulut l'être réellement par ses œuvres; il renonça aux désordres de sa vie passée, et répara, par une conduite régulière, les scandales qu'il avait donnés (15). Patrice ne survécut que peu de temps (environ une année), à sa conversion; mais nous lisons dans l'Evangile, que l'ouvrier arrivé à la dernière heure a eu sa récompense (a); et il est doux de penser, qu'ayant égard à la bonne volonté de celui-ci, Dieu l'aura reçu dans sa miséricorde.

Cependant un autre poids, un poids bien plus lourd encore, était, depuis longtemps, tombé sur le cœur de Monique. De son mariage avec Patrice étaient issus trois enfants : une fille, et deux garçons. L'un de ces derniers, auquel on avait donné le nom d'*Augustin*, avait reçu de l'auteur de la nature un de ces caractères ardents et exaltés, qui

(a) S. Mathieu, chap. 20.

sont le foyer des grands vices, comme des grandes vertus. A peine était-il sorti des langes de l'enfance, et déjà l'on voyait poindre en lui le germe de violentes passions ; il n'était que trop facile de prévoir que le temps viendrait où celles-ci ravageraient son cœur et obscurciraient son intelligence.

A la prière instante de Monique, son mari avait permis que leurs enfants fussent, aussitôt après leur naissance, inscrits sur la liste des catéchumènes. Elle prit un soin scrupuleux de graver dans leur cœur, aussi bien que dans leur esprit, les premiers éléments de la sainte Religion qu'ils étaient destinés à professer (16). Ses soins ne furent pas perdus. La famille entière, à l'exception de son chef, croyait en Jésus-Christ (17). La foi d'Augustin en particulier était si vive, qu'étant tombé malade, dans un âge encore fort tendre, on l'entendit demander avec ardeur et à grands cris le baptême.

Déjà tout était préparé pour le lui administrer, quand l'enfant guérit tout à coup, et sa mère jugea à propos de remettre la cérémonie à une époque plus opportune (18).

Pour apprécier la conduite de notre Sainte en cette circonstance, il est nécessaire de se reporter au siècle où elle vivait. La discipline de l'Eglise n'était pas encore invariablement fixée sur la question de savoir s'il convenait de baptiser les enfants, et à quel âge. On voyait des personnes pieuses et ferventes, dans le sentiment d'un respect profond pour l'auguste caractère de chrétien, attendre de longues années, et quelquefois jusqu'à l'approche de la mort, soit pour recevoir elles-mêmes la grâce de ce Sacrement, soit pour y faire participer leurs enfants. Monique prévoyait à quelles violentes tentations allait être exposée la jeunesse d'Augustin, et elle jugeait que les fautes qu'il commettrait seraient

beaucoup plus graves si son âme avait été marquée du sceau de la rédemption (19) : tel était le motif qui la dirigea, motif bien pur sans doute ; et toutefois Augustin regretta plus tard qu'elle y eût cédé. « N'était-ce pas (dit-il),
» lâcher en quelque sorte les rênes à mes
» passions naissantes, dans l'espoir que
» tous les péchés où elles m'entraîne-
» raient seraient un jour effacés par l'eau
» régénératrice répandue sur ma tête ?
» Il me semble entendre dire : Laissez
» faire cet enfant ; il n'a pas encore reçu
» le baptême. — Hé quoi ! s'avisa-t-on
» jamais de dire : Laissez faire ce ma-
» lade ; il n'a pas encore pris le re-
» mède ? (20) »

A l'époque où Augustin entra dans l'adolescence, il était à Tagaste, près de ses parents. Ceux-ci, en le voyant grandir et se fortifier, faisaient, de son avenir, leur pensée dominante ; mais ils l'envisageaient l'un et l'autre d'une manière bien différente. Patrice, toutes les fois qu'il regardait son fils, ne pouvait contenir sa joie; déjà son imagination le transportait au moment où celui-ci serait époux et père à son tour, où lui-même, au déclin de ses jours, se verrait revivre dans une nombreuse postérité (21). Quant à Monique, peu soucieuse de ces intérêts terrestres, elle s'occupait avec anxiété de ce que deviendrait l'âme de son cher enfant; elle frémissait à la seule idée des dangers qui menaçaient son innocence (22). Le prenant à part, elle l'exhortait, avec les paroles les plus persuasives que la tendresse maternelle pût lui suggérer, à garder toujours ses sens et son cœur purs de toute souillure (23). Augustin l'écoutait avec respect; car nous lisons dans ses *Confessions*, qu'au lit de mort elle loua sa piété filiale, attestant que « jamais elle n'avait entendu sortir » de la bouche de ce *bon fils* une seule

» parole dure ou offensante (24) ». Mais intérieurement il faisait peu de cas de ses sages avis, les regardant comme des propos de femme, bons tout au plus pour des enfants, mais auxquels un homme, comme il commençait de l'être, serait honteux de prêter quelque attention (25).

Un an ou deux se passèrent encore, et Augustin perdit son père : bientôt, suivant ce qui avait été résolu du vivant de celui-ci, il se rendit à Carthage pour achever ses études. Livré à lui-même dans cette grande cité, immense réceptacle de vices; excité, d'une part, par l'effervescence de son âge, de l'autre, par l'exemple de condisciples beaucoup plus corrompus que lui; entendant ceux-ci se vanter de leurs débauches, et être applaudis à mesure qu'ils s'y étaient plongés davantage; il se sentait entraîné au mal, non seulement par un attrait naturel, mais par une sorte d'indigne émulation (26) ; et il en était venu à ce point (lui-même en fait l'aveu), de « ne » plus rougir que d'une seule chose, » et c'était de ce qu'il n'avait pu réus- » sir à s'affranchir d'un reste de pu- » deur (27). »

Le libertinage des sens conduit souvent au libertinage de l'esprit : et le fils de Monique n'échappa point à ce second écueil. Il cherchait la vérité ardemment, et avec un certain degré de bonne foi ; mais la vérité n'aime à descendre que dans une âme humble et pure, et la volupté et l'orgueil s'étaient partagé celle d'Augustin. Ce n'est pas que les premiers principes qu'il avait sucés avec le lait, se fussent entièrement effacés : dans le temps même de ses plus grands égarements, s'il lisait Cicéron pour y étudier la sagesse, ses plus belles pages ne le satisfaisaient pas pleinement ; toujours il y manquait quelque chose, et c'était le nom de Jésus-Christ qu'il cherchait partout sans le rencontrer nulle part (28). Mais il ne goûtait pas non plus les saintes Ecritures : ni son oreille ne s'accommodait de la simplicité de leur style, ni sa raison de la sublimité de leurs mystères (29). Telles étaient ses dispositions, quand Dieu permit qu'il rencontrât quelques hommes appartenant à la secte des *Manichéens*. Cette doctrine était un mélange sacrilége de ce que les dogmes chrétiens ont de plus sublime, et les fables payennes de plus ridicule (30) : un aussi monstrueux amalgame aurait dû, ce semble, révolter un esprit naturellement droit ; et ce fut précisément l'écueil contre lequel il vint se briser : par un juste châtiment du ciel, cette noble, cette sublime intelligence tomba dans cet excès de dégradation, d'accepter, comme autant de vérités, un tas de rêveries puériles, qui ne le cédaient point en extravagance aux superstitions des Brahmes !

Ainsi cet infortuné jeune homme s'enfonçait toujours plus avant dans le double abîme du vice et de l'erreur. Et sa mère, sa bonne et tendre mère, que faisait-elle cependant ? — Deux choses, toujours les mêmes : pleurer et prier. Elle pleurait plus amèrement qu'une mère ne pleure son enfant lorsqu'on va le porter en terre (31). Mais elle priait avec une ferme confiance Celui qui, prenant compassion de la veuve de Naïm, lui a rendu son fils (a) ; Celui qui est tout-puissant pour prononcer cette parole consolante : « Votre enfant était » perdu, et il est retrouvé ; il était mort, » et il est ressuscité (b). »

Et Dieu daigna, par un songe mystérieux, lui faire entrevoir ce que sa miséricorde avait préparé en sa faveur. Il lui sembla qu'elle était debout sur une

---

(a) Saint Luc, chap. 7.
(b) *Ibid.*, chap. 15.

longue règle de bois ; un jeune homme, étincelant de lumière, s'avançait vers elle, le visage rayonnant d'une joie céleste ; et, remarquant la tristesse profonde où elle était plongée : « Femme, » lui disait-il, quel est le sujet de votre » affliction ? Pour qui ces larmes que » vous versez ? » — « Pour mon fils, » répondait-elle : c'est son âme que je » pleure. » — « Ne soyez point en peine » de lui, reprit la même voix ; regar- » dez, et vous le verrez là où vous êtes. » Et en effet, levant les yeux, elle aperçut son fils tout près d'elle, sur la même règle : aussitôt après, la vision disparut (32).

Le lendemain matin, Monique raconta ce songe à Augustin, qui était dans ce moment à Tagaste ; mais celui-ci, loin d'en être touché, chercha à l'interpréter en sa faveur. « Nous serons un jour en- » semble vous et moi, lui dit-il : voilà » bien ce qu'a voulu vous apprendre le

» céleste messager. Et moi aussi, j'espère
» et je crois qu'il en sera ainsi. Mais
» pourquoi vous presser d'en conclure
» que je deviendrai catholique comme
» vous ? Cela ne voudrait-il pas dire
» plutôt que vous, vous adopterez le
» manichéisme comme moi ? » — « Non
» pas, non pas, reprit vivement la sainte
» femme ; je l'ai trop bien entendu : il
» ne m'a pas dit : *Là où est votre fils ;*
» il m'a dit : *Là où vous êtes.* » Et la
présence d'esprit avec laquelle elle fit
cette réponse, la fermeté et l'énergie
de son accent, produisirent sur l'âme
d'Augustin, ainsi qu'il l'a avoué depuis,
une impression beaucoup plus vive que
le songe en lui-même (33).

Dieu parla encore une autre fois à
Monique, et ce fut par la bouche d'un
bon et vénérable évêque de cette contrée. Elle le priait instamment d'entrer
en discussion avec son fils sur la doctrine de Manès, afin de le convaincre

de son erreur, et de le retirer de la voie funeste où il était engagé. Mais cet homme sage, qui savait qu'il y a un temps pour se taire, comme un temps pour parler (a), s'excusa de le faire, en disant : « Dans l'état où est présente-
» ment votre fils, une discussion ne se-
» rait bonne à rien, et pourrait même
» au contraire aggraver le mal. Il est
» trop enthousiaste de ses nouvelles doc-
» trines pour en démêler l'erreur, et il a
» trop d'orgueil pour la confesser. Lais-
» sez-le pour le moment, et contentez-
» vous de prier pour lui. Il en viendra
» de lui-même, par la lecture des pro-
» pres livres de ces sectaires, à recon-
» naître leur mensonge et leur impiété.
» Croyez-en à mon expérience : voilà
» précisément ce qui m'est arrivé à moi-
» même. » Comme Monique insistait encore, le saint homme lui dit, dans un

(a) Ecclésiaste, chap. 3.

langage hardi, peu correct peut-être, mais que nous n'aurons garde, dans un sentiment de fausse délicatesse, d'altérer par une périphrase, au risque d'en affaiblir la sublime énergie : « Allez, et » continuez de faire ce que vous avez » fait jusqu'ici : il est impossible que » *le fils de tant de larmes* périsse (34). »

Le jour était pourtant bien éloigné encore, où les larmes de cette pieuse mère devaient, par un enfantement plus laborieux que le premier, le faire naître à la vie de la grâce. Loin de tendre vers ce but, Augustin s'en éloignait, en apparence, de plus en plus (35). Du banc des écoliers il était monté dans la chaire du professeur ; il enseignait la rhétorique à Carthage ; ses succès étaient brillants, et son orgueil s'en exaltait chaque jour davantage. Déjà il aspirait à se produire sur un théâtre plus grand encore ; il voulait faire entendre sa voix dans Rome, cette glorieuse cité, illustre, entre toutes, par la parole de ses orateurs, après qu'elle avait cessé de l'être par les armes de ses guerriers. Sa résolution prise, il l'annonça à sa mère, et lui en exposa les motifs : ceux-ci n'étaient pas précisément répréhensibles ; et toutefois Monique, loin d'entrer dans ses vues, lui adressa les représentations les plus fortes pour le retenir (36). Dans l'opposition qu'elle mettait à son voyage, un sentiment humain, celui qui porte les mères à presser leurs enfants autour d'elles, à frémir à la seule idée d'une séparation lointaine, avait sans doute quelque part (37) ; mais nous devons penser que cette raison n'était pas la seule, et qu'une autre considération, d'un ordre plus élevé, dirigeait une femme si courageuse, si habituée à dompter les mouvements de la nature. Sa présence, ses avis, ses remontrances, ses prières, avaient été impuissants pour contenir le jeune homme fougueux dans la ligne du devoir : qu'en serait-il, hélas ! quand la mer s'étendrait, comme une immense barrière, entre elle et son fils ?..... Lorsqu'elle vit qu'Augustin, inébranlable dans son dessein, commençait à faire ses apprêts de voyage, elle s'attacha à ses pas, elle le suivit jusqu'au port où il devait s'embarquer, lui déclarant que, puisque telle était sa volonté irrévocable, rien ne saurait l'empêcher, elle aussi, de partir avec lui (38).

Augustin était ce que sont beaucoup de jeunes-gens : il aimait tendrement sa mère ; mais il aimait l'indépendance. Quelque indulgente que Monique eût été constamment à son égard, la gravité de son maintien, la tristesse de son visage étaient, à défaut de paroles, des censeurs muets de ses déréglements : c'était pour lui une contradiction de tous les jours, que le respect filial l'empêchait de manifester d'aucune manière; peut-être même ne se l'avouait-il qu'à moitié ; mais enfin elle le poursuivait malgré lui et sans relâche : et qui sait si la pensée qu'il allait soulever un poids importun, qu'il serait enfin tout-à-fait libre, seul arbitre, maître absolu de toutes ses actions, n'entrait pas pour quelque chose dans la joie qu'il ressentait au moment de s'éloigner des lieux où la Providence avait placé son berceau ? Voyant donc que sa mère s'obstinait à ne point le quitter, il ne rougit pas d'user envers elle de dissimulation : en montant sur le vaisseau qui devait le transporter dans une terre étrangère, il prétexta qu'il voulait seulement tenir compagnie à l'un de ses amis, partant pour Rome, jusqu'au moment où celui-ci sortirait du port. Abusée par ces paroles, Monique consentit, non sans peine, à aller passer la nuit suivante dans un lieu peu éloigné de la plage, où une chapelle avait été consacrée sous l'invocation du glorieux martyr saint

Cyprien : là, prosternée au pied de l'autel, elle pria avec un redoublement de ferveur.... hélas ! et, pendant ce temps, le vaisseau levait l'ancre ; et quand, le lendemain matin, ses yeux inquiets le cherchèrent, ils n'aperçurent, à l'horizon, qu'un point noir, qui bientôt avait entièrement disparu. Qui dira combien poignante fut sa douleur dans un tel moment? Son fils, son fils bien-aimé était parti ; mais ce n'était pas tout : il était parti sans lui faire ses adieux, sans demander sa bénédiction ! il avait eu recours au mensonge pour lui cacher son départ ! Cédant pour un instant à la nature, elle éclata en plaintes amères, accusant son insensibilité et son ingratitude ; mais, bientôt, elle s'était tournée vers le souverain Consolateur, et le calme était rentré dans son âme. Après avoir recommandé le fugitif aux soins de la divine Providence, elle revint à Tagaste (39), et continua d'y vivre comme elle avait fait jusque là, pratiquant l'aumône et toutes sortes de bonnes œuvres, se rendant régulièrement à l'église, le matin et le soir, pour entendre la parole de Dieu, et pour lui faire entendre la sienne, sa parole humble et suppliante (40).

Il est probable que Monique reçut plusieurs fois des lettres de son fils pendant leur séparation. Si elles lui disaient l'exacte vérité, elles n'étaient guères propres à rassurer sa tendre sollicitude. A peine arrivé à Rome, il était tombé dans une maladie grave, qui l'avait conduit aux portes de la mort (41). Dans une circonstance semblable, nous l'avons vu implorant avec de vives instances la grâce du baptême : maintenant — quel changement, bon Dieu ! s'est opéré en lui ! — au moment où son âme est près de s'échapper de son corps, il ne songe pas seulement à ce remède, seul capable de la laver de ses souillures (42). On peut même conjecturer, par quelques paroles du Livre de ses *Confessions*, que le baptême lui fut offert, et qu'il le repoussa avec dédain (43). — Dieu, qui avait de grands desseins sur lui, le rappela à la vie (44).

Quelque temps après sa guérison, une circonstance imprévue le porta à s'éloigner davantage encore de son pays natal. Une chaire publique d'éloquence venait d'être créée à Milan ; on s'adressa à Rome pour avoir un professeur : Augustin se présenta, il fut admis (45). Il était déjà établi dans sa nouvelle résidence, quand sa mère vint le rejoindre (46).

Il faut se transporter par la pensée dans ces temps reculés, pour se faire une idée de tout ce qu'une telle démarche exigeait de dévouement de la part de Monique. Alors un voyage lointain, un voyage maritime surtout, était loin d'être regardé, ainsi qu'il l'est quelquefois de nos jours, comme une chose facile, comme une partie de plaisir. C'était une entreprise qui avait ses dangers, dangers réels, et que l'imagination grossissait encore. Les femmes, d'ailleurs, aimaient à vivre sous le toit et autour du foyer domestique ; elles ne le quittaient que bien rarement, et pour une nécessité impérieuse. Celles qui étaient veuves avaient un motif de plus pour ne pas s'en écarter : c'était là qu'elles désiraient mourir, afin que la même terre réunît un jour leur dépouille à celle de l'objet de leur tendre affection. — Mais l'amour maternel triompha de tous ces obstacles ; ou, pour mieux dire, il ne lui permit même pas de les entrevoir. Et puis, sa confiance en Dieu ne l'abandonnait jamais : et, là où elle est la compagne fidèle du chrétien, quelle force serait capable de l'arrêter ou de le faire trembler ? — On en put juger dans une violente tempête qui assaillit le vaisseau qu'elle montait. Tout l'équipage était dans l'abattement et la stupeur ; on entendait les matelots se lamenter comme des femmes : et c'était elle, c'était une faible femme qui ranimait leur courage ; elle les exhortait à avoir bon espoir, leur racontant comment, dans une vision que Dieu lui avait envoyée, elle avait reçu l'assurance qu'elle atteindrait heureusement le terme de son voyage ; et déjà elle leur montrait de loin le port prêt à les recevoir (47).

A l'époque où elle arriva à Milan, cette ville avait pour Evêque un homme dont la renommée publiait au loin les louanges (48), et que l'Eglise a inscrit au nombre de ses plus grands Saints. Ambroise était son nom. On racontait sur son enfance des choses merveilleuses : un essaim d'abeilles, disait-on, avait entouré son berceau, comme autrefois celui de Platon, et, après avoir voltigé autour de lui, et jusque dans sa bouche entr'ouverte, sans lui faire le plus léger mal, s'était envolé dans les airs; et l'on en avait auguré qu'un jour viendrait où ses discours, par le charme d'une ineffable suavité, attireraient tous les cœurs. Et ce jour était arrivé. Dans tout l'Occident, on ne lui reconnaissait pas de rival parmi les orateurs, si ce n'était peut-être l'illustre Symmaque : et encore faisait-on cette remarque, que la voix du vieux prêtre de Jupiter commençait à s'affaiblir, tandis que celle du prêtre de Jésus-Christ grandissait de jour en jour. Eminent par son éloquence, il l'était plus encore par ses vertus. Les Empereurs l'appelaient dans leurs conseils; ils s'agenouillaient devant lui pour recevoir sa bénédiction ou ses réprimandes. Les pauvres révéraient en lui un patron et un bienfaiteur.

Augustin, s'étant présenté chez Ambroise, en avait été accueilli avec la bonté d'un père et la charité d'un évêque (49). Sans doute une longue pratique du cœur humain avait permis à ce saint homme de découvrir dans son âme, à travers le voile des passions qui l'obscurcissaient, quelques traits ravissants de l'image divine, gravée en elle par le Créateur. Peut-être même Dieu, en lui montrant pour la première fois ce jeune débauché, ce jeune incrédule, lui avait-il révélé que c'était là, entre les mains de sa Providence, un *vase d'élection* (a) destiné à devenir non seulement l'édification, mais la lumière de l'Eglise et du monde, qui verrait en lui un autre Ambroise, et plus qu'Ambroise. Quoi qu'il en soit, la bienveillance qu'éprouva de sa part Augustin, toucha vivement celui-ci; et Dieu, inclinant son cœur à son insu, lui inspira, dès cette première visite, une secrète sym-

---

(a) Actes des Apôtres, chap. 9.

pathie, une affection mêlée de respect pour le saint Pontife (50). Tous les Dimanches, à l'heure où Ambroise avait coutume de distribuer à son troupeau le pur froment de la parole divine (51), Augustin était exact à se rendre à l'église : il l'écoutait avec avidité, il était comme suspendu à ses lèvres. Et toutefois, il faut le dire, son cœur était loin d'être préparé à recevoir la semence céleste. Ce n'était pas le désir de s'instruire et de se corriger qui l'amenait dans le lieu saint ; c'était un attrait purement humain, c'était la curiosité, c'était le talent de l'orateur : les grandes vérités qui lui étaient annoncées, disparaissaient dans sa préoccupation ; il n'avait entendu, il ne retenait rien autre chose que des mots et des phrases sonores (52). Mais Dieu qui, suivant un ancien adage, *écrit droit sur une ligne courbe,* ne dédaigne pas de se servir des moyens en apparence les plus étranges pour arriver à ses fins : et tel qui s'est approché de la chaire chrétienne dans une disposition bien peu favorable à l'action de la grâce, ne se retirera pas sans en avoir recueilli quelques gouttes. Et voilà ce qui devait arriver enfin à Augustin. Peu à peu et par degrés, les pensées, qu'il dédaignait, s'introduisaient dans son esprit avec les paroles, dont il était avide (53). Déjà, s'il n'était pas catholique, il avait cessé d'être manichéen (54) : la vérité, qu'il poursuivait vainement depuis tant d'années, ne lui avait pas encore apparu ; mais, du moins, l'erreur ne s'élevait plus, comme un mur d'airain, entre elle et lui (55); son état était devenu celui du doute (56), de ce doute qu'un grand orateur de nos jours a caractérisé en disant : *C'est le commencement de la foi, comme la crainte est le commencement de l'amour.*

Après les premiers embrassements de

la mère et du fils, Augustin raconta à Monique tout ce qui s'était passé en lui depuis son départ de l'Afrique. Elle reçut cette communication avec une joie modeste et recueillie (57). Un premier pas était fait ; il en restait beaucoup à faire encore ! mais, confiante dans les promesses d'en-haut, elle ne douta pas un instant que Dieu n'achevât l'œuvre commencée. « Mon fils, dit-elle avec
» le calme d'une âme affermie dans l'es-
» pérance, je suis certaine d'une chose,
» c'est qu'avant de mourir, je vous ver-
» rai disciple fidèle de Jésus-Christ et
» de l'Eglise (58). » Elle ne prononça que cette parole ; mais elle répandit, avec plus d'abondance que jamais, ses prières et ses larmes en présence du *Père des miséricordes*, le conjurant de hâter son secours, et d'éclairer les ténèbres de l'intelligence (59) de celui qu'elle aimait plus que toutes les choses de la terre, plus qu'elle-même. Cependant

elle était plus assidue que jamais aux prières et aux instructions de l'Eglise; elle écoutait Ambroise avec un pieux ravissement; elle l'aimait et le vénérait comme s'il eût été un Ange du ciel, car elle voyait en lui l'instrument choisi de Dieu pour le salut de son fils (60); elle recourait souvent à ses avis; elle lui témoignait, en toutes rencontres, une déférence filiale.

Ainsi, s'étant aperçue qu'à Milan on n'avait pas l'usage de jeûner les samedis, comme il se pratiquait alors en d'autres pays, et particulièrement en Afrique, elle envoya Augustin consulter de sa part le Pontife sur ce qu'elle devait faire. La réponse d'Ambroise fut: « La règle que je suis pour moi-même
» est celle-ci : Quand je vais à Rome,
» je jeûne le samedi; quand je suis à
» Milan, je ne le fais pas. Généralement
» j'ai pour habitude de suivre partout la
» pratique établie dans l'Eglise où je me

» trouve. Je crois que ce que vous avez
» de mieux à faire, c'est d'en agir ainsi
» pour vous-mêmes : par là vous évite-
» rez à la fois de prendre scandale d'au-
» trui, et d'en donner à personne. »
Ces paroles étant rapportées à Monique,
elle y conforma sa conduite sans la moindre hésitation, faisant céder son sentiment privé à l'autorité de celui qu'elle
regardait comme le représentant de Dieu
à son égard (61).

Elle ne montra pas moins de soumis-
sion dans une autre circonstance. C'é-
tait en Afrique un usage établi, que les
personnes riches et pieuses, toutes les
fois qu'elles allaient prier devant les
tombeaux des Martyrs ou des autres
Saints, y portassent des offrandes com-
posées de pain, de viandes et de vin :
elles en goûtaient quelque peu, et dis-
tribuaient le reste aux pauvres (62). A
Milan, Monique voulut en faire de même ;
mais, quand elle se présenta devant l'é-

glise, sa corbeille à la main, le portier lui en refusa l'entrée, en alléguant les ordres de l'Evêque. Cette interdiction était fondée sur deux considérations : d'abord, l'intempérance avait introduit, dans l'exercice de cette pratique, des abus qui avaient plus d'une fois profané la maison de Dieu; et, de plus, sa ressemblance avec certaines cérémonies usitées chez les païens, aux funérailles de leurs proches, avait donné lieu de craindre que quelques personnes n'y attachassent des idées superstitieuses. Monique, se souvenant de cette parole de l'Esprit-Saint : « L'obéissance est meilleure que » le sacrifice (*a*), » ne songea même pas à s'enquérir des motifs de la défense : c'était son Evêque qui l'avait portée, elle n'avait pas besoin d'en savoir davantage. A partir de ce jour, elle n'approcha plus des tombeaux des Martyrs

---

(*a*) 1ᵉʳ Livre des Rois, chap. 15.

avec d'autres offrandes que celle d'un cœur pur (63).

Monique était, de son côté, devenue pour Ambroise, un sujet d'édification. Témoin de sa piété fervente, et de son zèle pour les bonnes œuvres, il l'admirait, il ne prononçait son nom qu'avec éloge ; il ne voyait pas une seule fois Augustin, qu'il ne lui dît : « Vous êtes » heureux ! Le Ciel vous a fait le plus » précieux de tous les présents, en vous » donnant une pareille mère ! (64) »

— « L'homme plante, l'homme ar- » rose (dit l'Apôtre ;) mais Dieu seul » donne l'accroissement (*a*). » L'éloquence d'Ambroise, les prières de Monique avaient bien pu préparer l'œuvre de la conversion d'Augustin ; mais c'était à la grâce de l'achever. Le récit des moyens miraculeux dont elle se servit pour porter les derniers coups à cette

(*a*) 1re Epître aux Corinthiens, chap. 2.

âme rebelle, appartient plus naturellement à l'histoire de saint Augustin qu'à celle de sa mère : il forme une des plus belles, une des plus touchantes pages de l'histoire ecclésiastique. Mais quelle langue humaine rendra les transports de joie, le pieux ravissement de Monique (65), quand, Augustin entrant précipitamment dans sa chambre avec son ami Alype, devenu l'heureux associé de sa pénitence, comme il l'avait été trop longtemps de ses égarements, elle entendit sortir de sa bouche ces trois mots : *Je suis Chrétien !* Alors elle put se faire l'application de cette parole du divin Rédempteur :

« La femme qui éprouve les douleurs
» de l'enfantement est triste, parce que
» son heure est venue ; mais, après
» qu'elle a enfanté un fils, elle ne se
» souvient plus de tout ce qu'elle a
» souffert, tant elle ressent de joie

» d'avoir donné un homme au mon-
» de (a). »

Et elle aussi ne se souvenait plus des longues souffrances, des cruelles anxiétés par lesquelles elle avait été éprouvée : son fils était chrétien, cette pensée absorbait toutes les autres ; ses maux passés avaient disparu à la fois ; un seul instant, la vertu d'une seule parole les avait tous effacés.

Cependant, à ce premier sujet de joie que lui apportait Augustin, il en ajouta aussitôt un second. — Dans le but d'arracher son cœur à l'empire des passions, Monique avait souhaité ardemment de le voir enchaîné dans les chastes liens du mariage ; quelquefois, élevant vers Dieu, du fond de son cœur, le cri de sa prière, elle lui demandait instamment de lui montrer dans une vision, ainsi

(a) Ev. de saint Jean, chap. 16.

qu'il avait daigné le faire pour d'autres choses, ce que sa Providence avait résolu à cet égard. Mais ce désir n'avait jamais été satisfait. Dans ses rêves il ne se présentait à elle que de ces images fantastiques, vains produits des efforts d'un esprit constamment tendu vers le même objet, et qu'un sentiment intime, indéfinissable, lui avait appris à ne pas confondre avec les révélations du Ciel (66). Quoi qu'il en soit, le mariage d'Augustin avait été jusqu'à ce jour l'objet constant de ses plus vives sollicitudes. Et voici qu'après un récit rapide de la victoire que la Grâce avait remportée sur lui, il lui annonçait la résolution qu'il venait de prendre : ce n'était pas assez pour lui d'être chrétien, il voulait être parfait chrétien ; il voulait embrasser la loi austère de la continence, afin de se vouer exclusivement au service de Dieu, de ce Dieu, son souverain bien, et désormais l'unique repos de son cœur.

5*

Ainsi Celui qui est tout-puissant pour faire à l'homme plus de bien qu'il n'en saurait demander ou même concevoir (*a*), avait accordé à Monique beaucoup au-delà de ses vœux : prosternée en sa présence, elle le remerciait par ses larmes plus encore que par ses paroles, elle le bénissait dans toute l'effusion d'un cœur reconnaissant (67).

Augustin attendait avec impatience le moment où, dégagé des devoirs de sa charge, il pourrait s'occuper uniquement du soin de son âme. L'époque des vacances d'automne approchait (68); quand elle fut venue, un de ses amis de Milan, nommé Vérécundus, non encore chrétien de profession, mais qui commençait à l'être dans le secret de son cœur, mit à sa disposition sa maison de campagne (69) de Cassiciacum. C'est là qu'Augustin se prépara, dans la retraite et la

---

(*a*) Epitre aux Ephésiens, chap. 5.

méditation des vérités éternelles, à la réception du baptême. Avec lui s'y trouvaient réunis son frère Navigius, le fidèle Alype et plusieurs autres de ses amis ; enfin son fils Adéodat, *l'enfant de son péché* (70), comme il l'appelle humblement dans ses *Confessions*, mais que Dieu, sans égard au vice de sa naissance, s'était plu à orner des dons les plus précieux de l'esprit et du cœur (71). Monique était en quelque sorte l'âme de cette jeune et pieuse communauté, s'occupant de tous leurs besoins avec autant de vigilance et d'affection que si elle eût été leur mère à tous; et, en même temps (car elle voyait en eux les élus et les futurs ministres du Seigneur), elle leur portait autant de respect que si chacun d'eux avait été son père (72). Tous les jours, après un frugal repas, ils se rendaient ensemble, soit dans une prairie voisine, soit à la salle de bains, pour discourir sur les questions les plus relevées de la philosophie : assis en cercle, ils prenaient la parole tour à tour ; l'un d'eux inscrivait les questions et les réponses sur des tablettes. C'est ainsi qu'ont été composés, à l'imitation des Dialogues de Platon et de Cicéron, les premiers ouvrages de saint Augustin qui soient parvenus jusqu'à nous (*a*). Monique assistait quelquefois aux colloques de cette espèce d'*Académie ;* elle y prenait part elle-même ; et ces jeunes-gens d'un esprit si cultivé, ne se lassaient point d'admirer la pénétration et la profondeur de jugement d'une femme étrangère à l'étude des lettres humaines, mais devenue, à force de vertu, habile dans la science de Dieu (*b*). Pour tout résumer en quelques mots, elle unis-

(*a*) Les trois Livres *contre les Académiciens ;* les deux Livres *de l'Ordre ;* le Traité *de la Vie bienheureuse.*

(*b*) Voir l'APPENDICE ci-après.

sait dans sa personne, sous l'apparente faiblesse de son sexe, un courage viril, le calme qui sied si bien à la vieillesse, la tendresse d'une mère, la foi et la piété d'une âme vraiment chrétienne (73).

Quelque temps avant la fin des vacances, Augustin avait renoncé à sa chaire de rhétorique (74). Dans le courant de l'hiver, il revint à Milan; la veille de Pâques, il reçut, des mains d'Ambroise, le saint baptême, avec Alype et Adéodat (75). Un de leurs amis, nommé Evode, dont la conversion avait précédé de peu de temps la leur, voulut s'associer à eux (76): ils tinrent conseil, et convinrent de retourner ensemble dans l'Afrique (77), leur patrie commune, afin de travailler à gagner des âmes à Dieu, là même où, par leurs anciens déréglements, ils pouvaient avoir été pour plusieurs une cause de scandale et de perte. Monique avait applaudi à leur résolution; elle partit avec eux :

dans ce long trajet à travers l'Italie, elle revit les lieux qu'elle avait déjà parcourus seule, à son premier voyage; mais c'était dans une situation d'esprit bien différente! Alors, elle s'en allait tristement à la recherche de la brebis égarée! et maintenant, voici que, radieuse et triomphante, elle la ramenait au bercail!

Arrivés à Ostie, les voyageurs s'y arrêtèrent, soit pour prendre quelque repos, soit pour faire les apprêts nécessaires à leur embarcation (78). Un jour, Monique et Augustin étaient seuls, l'un près de l'autre, appuyés contre une fenêtre d'où la vue plongeait sur le jardin de leur maison (79). Toutes les fois qu'ils se trouvaient ainsi ensemble, ils aimaient à converser sur quelqu'une des grandes vérités déposées dans les saintes Ecritures. Le jour dont nous parlons, le sujet de leur entretien fut ce passage de l'Apôtre saint Paul :

« Ni l'œil de l'homme n'a vu, ni son
» oreille n'a entendu, ni son intelligence
» ne saurait comprendre quels biens
» Dieu a préparés pour ceux qui l'ai-
» ment (*a*) (80) ».

Ils cherchaient à se faire quelque image imparfaite de ce bonheur céleste, non en le considérant en lui-même, puisque notre esprit est incapable d'y atteindre, mais par la comparaison avec les choses que, dans notre langue terrestre et dégradée, nous sommes accoutumés à appeler du nom de *biens*. Laissant de côté les plaisirs des sens, comme trop indignes d'être mis, non seulement en parallèle, mais en simple regard avec lui, ils parcouraient par la pensée les plus beaux ouvrages du Créateur, cette voûte du firmament qui se déployait sous leurs yeux, ces astres lu-

---

(*a*) 1re Epître aux Corinthiens, chap. 9.

mineux qui en peuplaient l'immensité;
puis, s'élevant d'un étage encore, ils
s'arrêtaient à considérer les facultés de
l'âme humaine, plus grande, plus noble
à elle seule que tous ces mondes maté-
riels, puisque, animée par le souffle
divin, elle a été rendue capable de con-
naître et d'aimer son auteur. Mais l'intelligence de l'homme elle-même, qu'est-
ce donc auprès de la Sagesse divine,
cette sagesse par laquelle ont été faites
toutes choses, celles qui sont, celles qui
ont été, celles qui seront; sagesse qui
n'a point été faite, mais qui a toujours
été, et qui sera toujours; disons mieux:
qui n'a point été, qui ne sera point,
mais qui EST, parce qu'elle est éter-
nelle, et que l'essence de l'éternité, c'est
de n'avoir ni passé, ni avenir, mais
d'être un présent toujours subsistant,
toujours immuable. Dans le ciel, cette
sagesse est la vie de l'âme, et la vérité en est l'aliment (81) : c'est comme

un océan où l'âme se plonge ; elle est abîmée, absorbée tout entière dans les joies délicieuses de cette contemplation ineffable (82). Parlant ainsi de la vie bienheureuse, et se portant vers elle de toute la puissance de leurs affections, ils y touchèrent, pour ainsi parler, par un élancement de leurs cœurs ; mais, bientôt, de cette région sublime abaissant un regard sur la terre, ils se voyaient attachés à celle-ci par les organes de leur corps ; et, ne trouvant plus rien dans ce monde inférieur et dans tout ce qu'il offre de plus séduisant, qui ne fût digne de leurs mépris, ils gémissaient de leur captivité, ils soupiraient après le jour de la délivrance (83). — C'est dans ce moment que Monique, s'adressant à son fils : « Quant
» à ce qui me touche personnellement,
» la vie présente n'a plus rien qui soit
» capable de me plaire. Qu'y ferai-je
» désormais ? et pourquoi y demeuré-je

» encore, étrangère que je suis à toutes
» ses espérances ? Une chose, une seule,
» me faisait souhaiter de m'y arrêter
» quelque peu encore : je voulais te voir
» chrétien catholique avant que d'en
» sortir. Dieu m'a accordé cette grâce;
» il a fait plus : il m'a donné de te voir
» mépriser pour lui tous les avantages
» de la terre, et devenir ainsi, dans toute
» la force du terme, son serviteur. Que
» fais-je ici davantage? (84) »

Cinq ou six jours environ après la conversation que nous venons de rapporter, Monique se sentit atteinte de la fièvre. Dans un moment où ses deux fils étaient seuls avec elle, elle tomba en défaillance, et perdit pour un peu de temps l'usage de ses sens. A peine fut-elle revenue à elle, les voyant l'un et l'autre debout près de son lit : « Où » étais-je? » leur dit-elle ; et apercevant sur leurs visages des signes de crainte et de douleur, elle ajouta : « Vous enter-

» rerez ici votre mère. » Navigius prononça quelques paroles dont le sens était « qu'il souhaitait qu'elle finît ses » jours heureusement dans sa patrie, et » non pas sur une terre étrangère. » Elle jeta sur lui un regard sévère, qui semblait lui reprocher d'avoir de semblables pensées ; puis, se tournant vers Augustin : « Entends-tu ce qu'il dit ? » Et, s'adressant à tous les deux à la fois : « En quelque lieu que je meure, dé- » posez-y ce corps, et ne vous en met- » tez point autrement en peine. Tout » ce que je vous demande, c'est que, » partout où vous serez, vous vous sou- » veniez de moi tous les jours à l'autel » du Seigneur (85). »

Cette parole frappa vivement Augustin. Sa mémoire lui rappelait, qu'en d'autres lieux et d'autres temps, elle s'était occupée avec une ardeur singulière des soins de sa sépulture, se l'étant choisie et préparée à l'avance tout à côté

du tombeau de son époux, afin que deux êtres dont la vie avait été si étroitement unie, ne fussent point séparés dans là mort (86). Il ignorait alors la circonstance suivante, qui lui fut rapportée plus tard : Quelques jours après leur arrivée à Ostie, comme Monique parlait à plusieurs de ses compagnons de voyage, avec l'abandon d'une mère, du mépris de la vie et des avantages d'une bonne mort; ceux-ci lui ayant demandé si elle n'éprouverait pas une sorte de peine à laisser sa dépouille dans une terre aussi éloignée, elle leur avait fait cette réponse : « Nulle part on n'est
» éloigné de Dieu ; et je ne crains pas
» qu'il ait quelque peine à me recon-
» naître là où je serai, pour me ressus-
» citer au dernier jour (87). » — Augustin donc, qui l'entendait pour la première fois manifester aussi expressément sa pensée sur ce point, en fut saisi d'admiration ; et il louait et bénissait

Dieu pour toutes les grâces qu'il avait versées avec tant d'abondance dans le cœur de cette sainte femme (88).

Cependant la maladie faisait des progrès rapides : déjà Monique ne tenait plus que par un souffle à la terre; mais, à mesure que son corps s'affaiblissait, il semblait que son âme puisât en Dieu un redoublement de force et de courage. Enfin, le neuvième jour, elle expira entre les bras de ses enfants : elle était âgée de cinquante-six ans (89).

Augustin ferma les yeux de sa mère (90). Il nous a peint lui-même, sous une image vive et touchante, l'état de son âme dans ce moment : « Je sentais » comme se déchirer en deux parts cette » vie qui s'était formée de sa vie et de » la mienne (91). » Cependant, il fit un violent effort pour contenir ses larmes; et son frère et ses amis suivirent cet exemple (92). Il leur semblait à tous qu'il ne convenait pas que les funérailles

d'une si sainte femme fussent accompagnées de gémissements. « Que ceux-
» là (dit-il), se livrent à de tels trans-
» ports, qui regardent la mort ou
» comme une grande misère, ou comme
» l'anéantissement de notre être. Pour
» nous, nous savions que le sort de
» notre mère n'était nullement à plain-
» dre; nous savions que la mort n'avait
» frappé que la moindre partie d'elle-
» même (93). »

Conformément à ses dernières instructions, sainte Monique fut enterrée à Ostie. Mais la terre qui reçut sa dépouille mortelle, n'était pas destinée à conserver ce précieux dépôt. Deux églises se disputent l'honneur de le posséder : celle de Saint-Augustin, à Rome ; et l'ancienne collégiale d'Arouaise, près Bapaume, dans l'Artois. Nous nous abstiendrons d'exposer, et, plus encore, de discuter les prétentions de l'une et de l'autre, et la valeur des titres res-

pectifs sur lesquels elles se fondent. Les dernières paroles de notre Sainte, qu'on a lues tout à l'heure, ne faisaient-elles pas, au narrateur de sa Vie, une loi de négliger ce qui tend à satisfaire la curiosité des érudits, pour s'attacher essentiellement à ce qui peut nourrir la piété des fidèles? Il nous semble l'entendre nous adresser ce langage : « Au
» moment de quitter cette terre, il m'é-
» tait indifférent, vous l'avez vu, que
» mon corps reposât en tel ou tel lieu;
» tout ce qui m'importait, c'était que
» mon âme habitât le ciel : et ce qui
» vous importe à vous, c'est d'y monter
» après moi. Si donc vous voulez étudier
» ma vie, que ce soit dans cet esprit et
» dans une telle fin. »

Les pages qui viennent d'être tracées tomberont peut-être sous les yeux de quelque bonne et pieuse mère qui gémit, elle aussi, sur les égarements d'un fils chéri. Car notre siècle n'en compte que trop, de ces jeunes Augustins, emportés par la fougue de leurs passions, et rebelles aux exemples comme aux leçons, aux exhortations comme aux réprimandes de leurs parents. Mais, hélas ! pourquoi faut-il l'ajouter ? elles sont bien rares les Moniques, toujours vigilantes sur leur enfant, toujours douces et patientes, toujours confiantes en Dieu ! Que les pauvres mères dont nous parlons considèrent bien cette sainte femme, et qu'elles apprennent surtout de son exemple qu'il y a une force irrésistible attachée à la prière partant d'un cœur pur. Pour les éprouver, Dieu fera peut-être ce qu'autrefois il fit envers elle ; il détournera sa face pour quelque temps, il les traitera avec une rigueur apparente : qu'elles ne se découragent point ; qu'elles attendent, qu'elles prient toujours. — Mais elles ont attendu si longtemps ! Mais leurs prières ont été si infructueuses jusqu'ici ! — Patience encore; qu'elles ne se lassent pas de prier : le moment où Dieu paraît s'éloigner davantage, est peut-être celui qu'il a choisi pour récompenser leur persévérance : les larmes d'une mère montent vers ce Dieu bon et miséricordieux; il les compte, il ne les méprisera point (94).

APPENDICE

A rapporter à la page 54.

Nous pensons qu'on lira volontiers quelques-unes des réponses de sainte Monique, auxquelles s'applique particulièrement cet éloge.

Un jour, la question agitée était celle-ci : *En quoi consiste le véritable bonheur ?*

Augustin demanda : « Celui qui a tout
» ce qu'il désire, est-il heureux ? » —
« Oui, dit-elle, si ce qu'il désire est
» bien; car, s'il désire ce qui est mal,
» quand bien même il réussirait à l'a-
» voir, il n'en serait pas moins misé-
« rable. On appelle vulgairement *gens*
» *heureux* ceux qui font en toutes cho-
» ses leur volonté ; et c'est bien à
» tort : car, vouloir ce qui ne convient
» pas, cela même est une misère ; et
» l'on n'est pas autant à plaindre pour
» n'avoir pas obtenu ce qu'on voulait,
» que pour avoir voulu ce qu'on n'au-
» rait pas dû vouloir. En un mot, la
» dépravation de la volonté nous fait
» beaucoup plus de mal, que la fortune
» la plus favorable ne saurait jamais
» nous faire de bien. » Un peu après,
Augustin s'étant attaché à établir que le
bonheur ne peut consister dans les biens
de la fortune, et cela parce que leur
possession n'est rien moins qu'assurée;

or il n'y a pas de bonheur là où l'on craint de perdre ce qu'on aime ; sa mère l'interrompit : » Cette raison est juste ;
» mais ce n'est pas la seule. Oui, quand
» même celui qui possède ces biens se-
» rait certain de ne pas les perdre, il
» ne pourrait jamais en être rassasié ;
» il ne laisserait donc pas d'être dans
» une espèce d'indigence, et par con-
» séquent misérable. » — « Mais, reprit
» Augustin, si cet homme, dans l'abon-
» dance de biens où nous le supposons,
» était assez raisonnable pour borner
» ses désirs, s'il savait se contenter de
» ce qu'il a, et en jouir paisiblement
» et d'une manière honnête ; alors ne
» vous semble-t-il pas qu'il mériterait
» vraiment d'être appelé heureux ? » —
« Alors, dit Monique, il serait heureux
» en effet ; mais ce ne serait pas par la
» possession de ses biens, ce serait par
» la modération de son âme (95). »

— « A ces paroles, ajoute saint Au-

» gustin, nous fûmes transportés d'ad-
» miration. — Etait-ce là, nous deman-
» dions-nous, le langage d'une femme?
» Ne semblait-il pas plutôt que quelque
» grand homme fût venu s'asseoir et
» converser avec nous? — Telle était
» notre pensée à tous : et moi, cepen-
» dant, j'essayais d'élever la mienne
» jusqu'à la source divine d'où décou-
» laient vers nous les eaux limpides de
» la sagesse qui s'étaient échappées par
» la bouche de ma mère (96). »

Dans un autre endroit, saint Augustin s'adressant à elle : « Vous avez fait
» de tels progrès dans la sagesse, ô ma
» mère! que vous êtes arrivée à ne plus
» craindre en aucune façon, non pas
» seulement les maux de la fortune,
» mais ce qui inspire naturellement le
» plus d'horreur à l'homme, la mort
» elle-même. N'est-ce pas là, en quel-
» que sorte, le point culminant de la
» philosophie? Et, s'il en est ainsi,

» pourquoi ne tiendrais-je pas à hon-
» neur de recevoir vos leçons et de me
» reconnaître hautement pour votre dis-
» ciple ? (97) »

Et, ailleurs encore, il lui rend ce té-
moignage, que « son esprit, par l'effet
» de cette tempérance admirable qui
» l'éloigne de toutes les bagatelles de la
» terre, et le dégage du poids des or-
» ganes du corps, se renouvelle en quel-
» que sorte tous les jours, et, dans le
» déclin des années, fleurit d'une éter-
» nelle jeunesse (98). »

NOTES.

(1) Erudivit eam in timore tuo virga Christi tui, regimen unici Filii tui, in domo fideli, bono membro ecclesiæ tuæ. (*Confessions.* IX, 8.)

(2) Nec tantam ergà suam disciplinam diligentiam matris prædicabat, quantam famulæ cujusdam decrepitæ, quæ patrem ejus infantem portaverat, sicut dorso grandiuscularum puellarum parvuli portari solent. Cujus rei gratiâ, et propter senectam ac mores optimos, in domo christianâ satis à dominis honorabatur. Unde etiam curam dominicarum filiarum commissam sibi diligenter gerebat: et erat in eis coërcendis, cùm opus esset, sanctâ severitate vehemens, atque in docendis sobriâ prudentiâ. Nàm eas, præter illas horas, quibus

ad mensam parentum moderatissimè alebantur, etiamsi exardescerent siti, nec aquam bibere sinebat, præcavens consuetudinem malam, et addens verbum sanum : « Modò aquam bibitis,
» quia in potestate vinum non habetis : cùm autem
» ad maritos veneritis, factæ dominæ apothecarum
» et cellariorum, aqua sordebit, sed mos potandi
» prævalebit. » Hâc ratione præcipiendi, et auctoritate imperandi, frenabat aviditatem tenerioris ætatis. (*Id.*)

(3) Cùm, de more, tanquàm puella sobria juberetur à parentibus de cuppà vinum depromere, submisso poculo, quà desuper patet, priusquàm in lagunculam funderet merum, primoribus labris sorbebat exiguum, quia non poterat ampliùs, sensu recusante. Non enim ullâ temulentâ cupidine faciebat hoc, sed quibusdam superfluentis ætatis excessibus, qui ludicris motibus ebulliunt..... Itaque, ad illud modicum quotidiana modica addendo (quoniàm *qui spernit modica, paulatìm decidit*), in eam consuetudinem lapsa erat, ut propè jàm plenos mero caliculos inhianter hauriret. (*Id.*)

(4) Quid tunc egisti, Deus meus? Unde curasti? Unde sanasti? Nonne protulisti durum et acutum ex alterâ animâ convicium? (*Id.*)

(5) Ancilla enim, cum quâ solebat accedere

ad cuppam, litigans cum dominâ minore, ut fit, sola cum solâ, objecit hoc crimen amarissimâ insultatione, vocans *meribibulam.* Quo illa stimulo percussa, respexit fœditatem suam : confestimque damnavit, atque exuit. (*Id.*)

---

(6) Erat verò ille prætereà, sicut benevolentiâ præcipuus, ità irâ fervidus. (*Id.* 9.)

---

(7) Tradita viro servivit veluti domino..... — ..... Virum, cui melior serviebat, quia et in hoc tibi, (*Deus*), utique id jubenti serviebat. (*Id.* et I, 11.)

---

(8) Sategit eum lucrari tibi, (*Deus*), loquens te illi moribus suis, quibus eam pulchram faciebas, et reverenter amabilem, atque mirabilem viro. (*Id.* IX, 9.)

---

(9) Ità autem toleravit cubilis injurias, ut nullam de hâc re cum marito haberet unquàm simultatem. Exspectabat enim misericordiam tuam super eum, ut in te credens castificaretur. (*Id.* IX, 8.)

---

(10) Sed noverat hæc non resistere irato viro, non tantùm facto, sed ne verbo quidem. Jàm verò refracto et quieto, cùm opportunum videret, ra-

tionem facti sui reddebat, si fortè ille inconsideratiùs commotus fuerat. (*Id.*)

—

(11) Cùm matronæ multæ, quarum viri mitiores erant, plagarum vestigia etiam dehonestatâ facie gererent, inter amica colloquia illæ arguebant maritorum vitam ; hæc, earum linguam ; veluti per jocum graviter admonens : ex quo illas tabulas, quæ matrimoniales vocantur, recitari audissent, tanquàm instrumenta, quibus ancillæ factæ essent, deputare debuisse; proinde, memores conditionis, superbire abversùs dominos non oportere. Cùmque mirarentur illæ, scientes quàm ferocem conjugem sustineret, nunquàm fuisse auditum, aut aliquo indicio claruisse, quòd Patricius ceciderit uxorem, aut quòd à se invicem vel unum diem domesticâ lite dissenserint, et cùm causam familiariter quærerent, docebat illa institutum suum, quod suprà memoravi. Quæ observabant, expertæ gratulabantur : quæ non observabant, subjectæ vexabantur. (*Id.*)

—

(12) Socrum etiam suam, primò susurris malarum ancillarum adversùs se irritatam, sic vicit obsequiis, perseverans tolerantiâ et mansuetudine, ut..... memorabili inter se benevolentiæ suavitate vixerint. (*Id.*)

—

(13) Inter dissidentes atque discordes quas-

libet animas, ubi poterat, tàm se præbebat pacificam, ut, cùm ab utrâque multa de invicem audiret amarissima, qualia solet eructare turgens atque indigesta discordia....; nihil tamen alteri de alterâ proderet, nisi quod ad eas reconciliandas valeret. *(Id.)*

(14) .... Cùm animo humano parùm esse debeat inimicitias hominum nec exagitare, nec augere malè loquendo, nisi eas etiam exstinguere benè loquendo studuerit. *(Id.)*

(15) Denique etiam virum suum, jàm in extremâ vitâ temporali ejus, lucrata est tibi, (*Deus*) : nec in eo jàm fideli planxit, quod in nondùm fideli toleraverat. *(Id.)*

(16) Audieram enim ego adhùc puer de vitâ æternâ nobis promissâ, per humilitatem Filii tui Domini Dei nostri descendentis ad superbiam nostram; et signabar jàm signo crucis ejus, et condiebar jàm ejus sale, jàm inde ab utero matris meæ, quæ multùm speravit in te. *(Id. I, 11.)*

(17) Itaque jàm credebam, et illa, et omnis domus, nisi pater solus. *(Id.)*

(18) Vidisti, Domine, cùm adhùc puer essem, et quodam die pressus stomacho, repentè æstuarem

penè moriturus,..... quo motu animi et quâ fide baptismum Christi tui Dei et Domini mei flagitavi à pietate matris meæ..... Et conturbata mater carnis meæ..... jàm curaret festinabunda, ut sacramentis salutaribus initiarer et abluerer,... nisi statim recreatus essem. Dilata est itaque mundatio mea. (*Id.*)

—

(19) Quia videlicet post lavacrum illud, major et periculosior in sordibus delictorum reatus foret...... Quot et quanti fluctus impendere tentationum post pueritiam videbantur, noverat eos jàm illa mater : et terram magis per eos, unde posteà formarer, quàm ipsam effigiem, committere volebat. (*Id.* 8.)

—

(20) Rogo te, Deus meus, vellem scire....., quo consilio dilatus sum, nè tunc baptizarer : utrùm bono meo mihi, quasi laxata sint lora peccandi, an non laxata sint? Unde ergò etiam nunc de aliis atque aliis sonat undique in auribus nostris : « Sine
» illum ; faciat quod vult, nondùm enim baptizatus
» est : » et tamen in salutem corporis non dicimus :
« Sine vulneretur ampliùs, nondùm enim sanatus
» est ? »

—

(21) Ubi, sexto... decimo anno,... cum parentibus esse cœpi,.... et me... pater in balneis vidit pubescentem, et inquietà indutum adolescentià,

quasi jàm ex hoc in nepotes gestiret, gaudens matri indicavit. (*Id.* II, 3.)

—

(22) Itaque illa exsiluit piâ trepidatione ac timore; et, quamvis mihi nondùm fideli, timuit tamen vias distortas (*Id.*)

—

(23) Volebat enim illa, et secretò memini ut monuerit cum sollicitudine ingenti, nè fornicarer, maximèque nè adulterarem cujusquam uxorem. (*Id.* 8.)

—

(24) Gratulabar quidem testimonio ejus, quòd in eâ ipsâ ultimâ ægritudine, obsequiis meis interblandiens, appellabat me *pium;* et commemorabat grandi dilectionis affectu, nunquàm se audisse ex ore meo jaculatum in se durum aut contumeliosum sermonem. (*Id.* IX, 12.)

—

(25) Qui mihi monitus muliebres videbantur, quibus obtemperare erubescerem. (*Id.* II, 3.)

—

(26) Præceps ibam tantâ cæcitate, ut inter coætaneos meos puderet me minoris dedecoris, cùm audiebam eos jactantes flagitia sua, et tantò gloriantes magis, quantò magìs turpes essent, et libebat facere non solùm libidine facti, verùm etiam laudis. (*Id.*)

(27) Pudet non esse impudentem. (*Id.* 9.)

—

(28) Fortiter excitabar sermone illo (Ciceronis, in libro qui vocatur *Hortensius*), et accendebar, et ardebam : et hoc solum me in tantâ flagrantiâ refrangebat, quòd nomen Christi non erat ibi. Quoniam hoc nomen, secundùm misericordiam tuam, Domine, hoc nomen Salvatoris mei Filii tui, in ipso adhùc lacte matris, tenerum cor meum piè biberat et altè retinebat : et quidquid sine hoc nomine fuisset, quamvis litteratum et expolitum et veridicum, non me totum rapiebat. (*Id.* III, 4.)

—

(29) Itaque institui animum intendere in scripturas sanctas, ut viderem quales essent. Et ecce, video rem non compertam superbis, neque nudatam pueris ; sed incessu humilem, successu excelsam, et velatam mysteriis : et.... visa est mihi indigna quam Tullianæ dignitati compararem. Tumor enim meus refugiebat modum ejus, et acies mea non penetrabat interiora ejus. (*Id.* 5.)

—

(30) Itaque incidi in homines superbè delirantes, et carnales nimis, et loquaces ; in quorum ore laquei diaboli, et viscum confectum commixtione syllabarum nominis tui, sed et Domini Jesu Christi, et Paracleti consolatoris Spiritùs sancti. (*Id.* 6.)

(31) Cùm pro me fleret ad te mater mea fidelis tua, ampliùs quàm flent matres corporea funera. (*Id.* 11.)

(32) Vidit.... stantem se in quâdam regulâ ligneâ, et advenientem ad se juvenem splendidum, hilarem atque arridentem sibi cùm illa esset mœrens, et mœrore confecta: Qui cùm causas quæsisset ab eâ mœstitiæ suæ, quotidianarumque lacrymarum,.... atque illa respondisset, perditionem meam se plangere; jussisse illum, quò secura esset, atque admonuisse, ut attenderet et videret, ubi esset illa, ibi esse et me. Quod illa ubi attendit, vidit me juxtà se in eâdem regulâ stantem. (*Id.*)

(33) Cùm mihi narraret ipsum visum, et ego ad id trahere conarer, ut illa se potiùs non desperaret futuram esse, quòd eram; continuò sine ullâ hæsitatione, « Non, inquit; non enim mihi » dictum est, *Ubi ille, ibi et tu;* sed, *Ubi tu, ibi* » *et ille.* » Confiteor tibi, Domine, recordationem meam, quantùm recolo, (quòd sæpè non tacui), ampliùs me isto per matrem vigilantem responso tuo..... etiam tùm commotum fuisse, quàm ipso somnio. (*Id.*)

(34) Et dedisti alterum responsum interìm, quod recolo,.... per sacerdotem quemdam tuum episcopum nutritum in ecclesiâ, et exercitatum

in libris tuis. Quem cùm illa femina rogasset, ut dignaretur mecum colloqui, et refellere errores meos, et dedocere me mala, ac docere bona (faciebat enim hoc, si quos fortè idoneos invenisset); noluit ille: prudenter sanè, quantùm sensi posteà. Respondit enim, me adhùc esse indocilem, eò quòd inflatus essem novitate hæresis illius, et nonnullis quæstiunculis jàm multos imperitos exagitassem, sicut illa indicaverat ei. Sed « Sine, in-
» quit, illum ibi, tantùm roga pro eo Dominum;
» ipse legendo reperiet, quis ille sit error, et
» quanta impietas. » Simul etiam narravit, se quoque parvulum, à seductâ matre suâ, datum fuisse Manichæis, et omnes penè non legisse tantùm, verùm etiam scriptitasse libros eorum; sibique apparuisse, nullo contrà disputante et convincente, quàm esset illa secta fugienda: itaque fugisse. Quæ cùm ille dixisset, atque illa nollet acquiescere, sed instaret magis deprecando, et ubertim flendo, ut me videret, et mecum dissereret: « Vade, inquit, *ità vivas: fieri enim non po-*
» *test, ut filius istarum lacrymarum pereat.* » Quod illa ità se accepisse, inter colloquia sua mecum sæpè recordabatur, ac si de cœlo sonuisset. (*Id.* 12.)

---

(35) Nàm novem fermè anni secuti sunt, quibus ego in illo limo profundi ac tenebris falsitatis, cùm sæpè surgere conarer, et graviùs alliderer, volutatus sum. (*Id.* 11.)

(36) Quæ me profectum atrociter planxit. (*Id.* V. 8.)

(37) Amabat enim præsentiam meam more matrum, sed multis multò ampliùs. (*Id.*)

(38) Usque ad mare secuta est,.... violenter me tenens, ut aut revocaret, aut mecum pergeret. (*Id.*)

(39) Et fefelli eam,.... et finxi me amicum nolle deserere, donec vento facto navigaret. Et mentitus sum matri, et illi matri, et evasi.... Et tamen recusanti sine me redire, vix persuasi, ut in loco, qui proximus nostræ navi erat, memoriâ beati Cypriani, maneret eâ nocte. Sed eâ nocte clanculò ego profectus sum, illa autem remansit orando et flendo.... Flavit ventus, et implevit vela nostra, et littus subtraxit aspectibus nostris. In quo manè illa insaniebat dolore, et querelis ac gemitu implebat aures tuas contemnentes ista.... Et tamen, post accusationem fallaciarum et crudelitatis meæ, conversa rursùs ad deprecandum te pro me, abiit ad solita, et ego Romam. (*Id.*)

(40) An tu, Deus misericordiarum, sperneres cor contritum et humiliatum viduæ castæ ac sobriæ frequentantis eleemosynas, obsequentis atque servientis sanctis tuis, nullum diem prætermittentis oblationem ad altare tuum, bis in die,

manè et vesperè, ad ecclesiam tuam sine ullâ intermissione venientis, non ad vanas fabulas et animales loquacitates, sed ut te audiret in tuis sermonibus, et tu illam in suis orationibus. (*Id.* 9.)

(41) Et ecce excipior Romæ flagello ægritudinis corporalis, et ibam jàm ad inferos. (*Id.*)

(42) Neque desiderabam in illo tanto periculo baptismum tuum : et melior eram puer, quandò illum de maternâ pietate flagitavi, sicut jàm recordatus atque confessus sum. (*Id.*)

(43) Consilia medicinæ tuæ demens irridebam. (*Id.*)

(44) Recreasti ergò me ab illâ ægritudine, et salvum fecisti filium ancillæ tuæ; tunc interìm corpore, ut esset, cui salutem meliorem atque certiorem dares. (*Id.* 10.)

(45) Itaque, postquàm missum est à Mediolano Romam, ad præfectum urbis, ut illi civitati rhetoricæ magister provideretur, impertitâ etiam evectione publicâ, ego ipse ambivi.... ut dictione propositâ me probatum præfectus tunc Symmachus mitteret. (*Id.* 13.)

(46) Jàm venerat ad me mater pietate fortis, terrâ marique me sequens. (*Id.* VI, 1.)

(47) ... In periculis omnibus de te secura. Nàm et per marina discrimina, ipsos nautas consolabatur, à quibus rudes abyssi viatores, cùm perturbantur, consolari solent : pollicens eis perventionem cum salute, quia hoc ei tu per visum pollicitus eras. (*Id.*)

(48) Veni Mediolanum ad Ambrosium episcopum, in optimis notum orbi terræ pium cultorem tuum. (*Id.* V, 13.)

(49) Suscepit me paternè ille homo Dei, et peregrinationem meam satis episcopaliter dilexit. (*Id.*)

(50) Et eum amare cœpi, primò quidem non tanquàm doctorem veri, quod in ecclesiâ tuâ prorsùs desperabam, sed tanquàm hominem benignum in me. (*Id.*)

(51) Cujus tunc eloquia strenuè ministrabant adipem frumenti tui. (*Id.*)

(52) Et studiosè audiebam disputantem in populo, non intentione quâ debui, sed quasi explorans ejus facundiam utrùm conveniret famæ suæ, an major minorque proflueret, quàm prædicabatur : et verbis ejus suspendebar intentus. Rerum autem incuriosus et contemptor astabam : et delectabar suavitate sermonis. (*Id.*)

(53) Cùm enim non satagerem discere, quæ dicebat; sed tantùm, quemadmodùm dicebat, audire...; veniebant in animum meum simul cum verbis quæ diligebam, res etiam quas negligebam. Neque enim eas dirimere poteram. Et, dùm cor aperirem, ad excipiendum quàm disertè diceret, pariter intrabat et quàm verè diceret, gradatim quidem. (*Id.* 14.)

(54) .... Non me quidem jàm esse Manichæum, sed neque Catholicum Christianum. (*Id.* VI, 1.)

(55) .... Veritatem me nondùm adeptum, sed falsitati jàm ereptum. (*Id.*)

(56) .... Me interim ad illam ancipitem fluctuationem jàm esse perductum. (*Id.*)

(57) Nullâ ergo turbulentâ exsultatione trepidavit cor ejus, cùm audisset, ex tantâ parte jàm factum, quod tibi quotidiè plangebat, ut fieret. (*Id.*)

(58) Imò verò, quia certa erat, et quod restabat te daturum, qui totum promiseras, placidissimè, et pectore pleno fiduciæ respondit mihi, credere se in Christo, quòd, priusquàm de vitâ emigraret, me visura esset fidelem Catholicum. (*Id.*)

(59) Tibi autem, fons mihi misericordiarum,

preces et lacrymas densiores (fundebat), ut accelerares adjutorium tuum, et illuminares tenebras meas. (*Id.*)

(60) Et studiosiùs ad ecclesiam currere, et in Ambrosii ora suspendi.... Diligebat autem illum virum sicut Angelum Dei. — ... Quem propter salutem meam maximè diligebat. (*Id.* et 2.)

(61) Et cùm invenisset Mediolani ecclesiam sabbatum non jejunantem, cœperat perturbari, et fluctuare quid ageret. Cùm ego talia non curabam, sed propter ipsam consului de hâc re beatissimæ memoriæ virum Ambrosium. Respondit se nihil docere me posse, nisi quod ipse faceret; quia, si melius nosset, id potius observaret. Cùmque ego putassem, nullà redditâ ratione, auctoritate solâ suâ nos voluisse admonere, nè sabbato jejunaremus; subsecutus est et ait mihi : « Cùm Romam venio, jejuno sabbato ; cùm hìc sum, non » jejuno. Sic etiam tu, ad quam fortè ecclesiam » veneris, ejus morem serva, si cuiquam non » vis esse scandalo, nec quemquam tibi. » Hoc cùm matri renuntiassem, libenter amplexa est. Ego verò de hâc sententiâ etiam atque etiam cogitans, ità semper habui, tanquàm eam cœlesti miraculo perceperim. » (*Epistola* 54 — *ad Januarium.*)

(62) Itaque, cùm ad memorias Sanctorum, sicut in Africâ solebat, pultes et panes, et merum

attulisset ;..... canistrum, cum solemnibus epulis præguslandis atque largiendis.... (*Confess.* VI, 2.)

(63) Cùm... ab ostiario prohiberetur, ubi hoc episcopum vetuisse cognovit, tàm piè atque obedienter amplexa est, ut ipse mirarer, quòd tàm facilè accusatrix potiùs consuetudinis suæ, quàm disceptatrix illius prohibitionis, effecta sit.... Itaque, ubi comperit, à præclaro prædicatore atque antistite pietatis, præceptum esse, ista non fieri, nec ab eis qui sobriè facerent, nè ulla occasio se ingurgitandi daretur ebriosis, et quia illa parentalia superstitioni gentilium essent simillima : abstinuit se libentissimè ; et, pro canistro pleno terrenis fructibus, plenum purgatoribus votis pectus ad memorias martyrum afferre didicerat. (*Id.*)

(64) Eam verò ille propter ejus religiosissimam conversationem (diligebat), quia in bonis operibus tàm fervens spiritu frequentabat ecclesiam : ità ut sæpè erumperet, cùm me videret in ejus prædicatione, gratulans mihi, quòd talem matrem haberem. (*Id.*)

(65) Inde ad matrem ingredimur, indicamus; gaudet : narramus quemadmodùm gestum sit ; exsultat et triumphat. (*Id.* VIII, 12.)

(66) Et instabatur impigrè, ut ducerem uxorem ;.... maximè matre dante operam..... Cùm

sanè, et rogatu meo et desiderio suo, forti clamore cordis abs te deprecaretur quotidiè, ut ei per visum ostenderes aliquid de futuro matrimonio meo, nunquàm voluisti. Et videbat quædam vana et fantastica, quò cogebat impetus de hâc re satagentis humani spiritûs, et narrabat mihi, non cum fiduciâ quâ solebat, cùm tu demonstrabas ei, sed contemnens eas. Dicebat enim, discernere se, nescio quo sapore, quem verbis explicare non poterat, quid interesse inter revelantem te, et animam suam somniantem. (*Id.* VI, 13.)

(67) Et benedicebat tibi, qui *potens es ultrà, quàm petimus aut intelligimus, facere;* quia tantò ampliùs sibi à te concessum de me videbat, quàm petere solebat miserabilibus flebilibusque gemitibus. Convertisti enim ità me ad te, ut nec uxorem quærerem, nec aliquam spem sæculi hujus.... Et convertisti luctum ejus in gaudium, multò uberiùs quàm voluerat; et multò cariùs atque castiùs, quàm de nepotibus carnis meæ requirebat. (*Id.* VIII, 12.)

(68) Et opportunè jàm paucissimi dies supererant ad vindemiales ferias; et statui tolerare illos, ut solemniter abscederem;... quòd et ego tibi servire delegissem. (*Id.* IX, 2 et 5.)

(69) Verecundus.... nondùm Christianus,.... benignè sanè obtulit, ut, quamdiù ibi essemus, in rure ejus essemus. (*Id.* 3.)

(70) *Ex me natum carnaliter de peccato meo.* (*Id.* 6.)

(71) Tu benè feceras eum. Annorum erat ferè quindecim, et ingenio præveniebat multos graves et doctos viros. Munera tua tibi confiteor, Domine Deus meus, Creator omnium, et multùm potens reformare nostra deformia, etc. (*Id.* 6.)

(72) Nobis, Domine, omnibus.... ex munere tuo... servis tuis, qui ante dormitionem ejus in te jàm consociati viveramus...., *ità curam gessit, quasi omnes genuisset: ità servivit, quasi ab omnibus genita fuisset.* (*Id.* 9.)

(73) Matre adhærente nobis *muliebri habitu, virili fide, anili securitate, maternâ caritate, Christianâ pietate.* (*Id.* 4.)

(74) Renuntiavi, peractis vindemialibus, ut scholasticis suis Mediolanenses venditorem verborum alium providerent. (*Id.* 5.)

(75) Inde, ubi tempus advenit, quo me nomen dare oporteret, relicto rure Mediolanum remeavimus. Placuit et Alypio renasci in te mecum... Adjunximus etiam nobis puerum Adeodatum. (*Id.* 6.)

(76) Consociasti nobis et Evodium, juvenem ex nostro municipio. Qui... prior nobis ad te conversus est, baptizatus.... Simul eramus. (*Id.* 8.)

(77) Simul habitaturi in placito sancto, quærebamus, quisnam locus nos utiliùs haberet servientes tibi. Pariter remeabamus in Africam. (*Id.*)

(78) Illìc, apud Ostia Tyberina, ubi, remoti à turbis ; post longi itineris laborem, instaurabamus nos navigationi.... (*Id.* 10.)

(79) ... Provenerat,.... ut ego et ipsa soli staremus incumbentes ad quamdam fenestram, unde hortus intrà domum, quæ nos habebat, prospectabatur. (*Id.*)

(80) Colloquebamur ergò soli valdè dulciter : et.... quærebamus inter nos.... qualis futura esset vita æterna sanctorum : quam *nec oculus vidit, nec auris audivit, nec in cor hominis ascendit.* (*Id.*)

(81) Cùmque ad eum finem sermo perduceretur, ut carnalium delectatio quantalibet, in quantâlibet luce corporeâ, præ illius vitæ jucunditate, non comparatione, sed nec commemoratione quidem digna videretur : erigentes nos ardentiore affectu in idipsum, perambulavimus gradatim cuncta corporalia, et ipsum cœlum, unde sol et luna et stellæ lucent super terram. Et adhùc ascendebamus interiùs, cogitando et loquendo te, et mirando opera tua. Et venimus ad mentes nostras, et transcendimus eas, ut attingeremus ragionem ubertatis indeficientis ubi pascis Israël in æternum

veritatis pabulo, et ubi vita sapientia est, per quam fiunt omnia ista, et quæ fuerunt, et quæ futura sunt. Et ipsa non fit, sed sic est, ut fuit, et sic erit semper; cùm potius fuisse, et futurum esse, non est in eâ, sed esse solùm, quoniàm æterna est. Nàm fuisse, et futurum esse, non est æternum. (*Id.*)

—

(82) Si hæc una (visio) rapiat, et absorbeat, et recondat in interiora gaudia spectatorem suum. (*Id.*)

—

(83) Et dùm loquimur, et inhiamus illi (sapientiæ), attingimus eam modicè toto ictu cordis; et suspiravimus, et reliquimus ibi religatas primitias spiritûs. (*Id.*)

—

(84) Tunc ait illa : « Fili, quantùm ad me attinet, nullâ jàm re delector in hâc vitâ. Quid » hìc faciam adhùc, et cur hìc sim nescio, jàm » consumptâ spe hujus sæculi. Unum erat, prop- » ter quod in hâc vitâ aliquantùm immorari cu- » piebam: ut te Catholicum Christianum viderem, » priusquàm morerer. Cumulatiùs hoc mihi Deus » meus præstitit, ut te etiam, contemptâ felicitate » terrenâ, servum ejus videam. Quid hìc facio? » (*Id.*)

—

(85) Intereà vix intrà quinque dies, aùt non multò ampliùs, decubuit febribus. Et cùm ægrotaret quodam die, defectum animæ passa est, et

paululùm subtracta à præsentibus. Nos concurrimus, sed citò reddita est sensui ; et aspexit astantes, me et fratrem meum ; et ait nobis : « Ubi
» eram ? » Deinde nos intuens, mœrore attonitos : « Ponetis hìc, inquit, matrem vestram. »
Ego silebam, et fletum frenabam. Frater autem
meus quiddam locutus est, quo eam non peregrè,
sed in patriâ suâ defungi, tanquàm felicius, optaret. Quo audito, illa, vultu anxio, reverberans
eum oculis, quòd talia saperet, atque inde me
intuens : « Vide, ait, quid dicit. » Et mox ambobus : « *Ponite*, inquit, *hoc corpus ubicùmque,*
» *nihil vos ejus cura conturbet. Tantùm illud vos*
» *rogo, ut ad Domini altare memineritis meî, ubi*
» *fueritis.* » (*Id.* 11.)

(86) .... Recolens quod noveram, quantâ curâ
semper æstuasset de sepulcro, quod sibi providerat
et præparaverat, juxtà corpus viri sui. Quia enim
valdè concorditer vixerant, id etiam volebat.....
adjungi ad illam felicitatem, et commemorari ab
hominibus, concessum sibi esse post transmarinam peregrinationem, ut conjunctâ terrâ amborum conjugum terra tegeretur. (*Id.*)

(87) Audivi etiam posteà, quòd jàm, cùm Ostiis
essemus, cum quibusdam amicis meis maternâ
fiduciâ colloquebatur quodam die de contemptu
vitæ hujus, et bono mortis, ubi ipse non aderam ;
illisque stupentibus virtutem feminæ, quam tu
dederas ei, quærentibusque, utrùm non formi-

daret tàm longè à suâ civitate corpus relinquere : « *Nihil*, inquit, *longè est Deo ; neque timendum est, nè ille non agnoscat in fine sœculi, undè me resuscitet.* » (*Id.*)

(88) Ego verò cogitans dona tua, Deus meus invisibilis, quæ immittis in corda fidelium tuorum, et proveniunt inde fruges admirabiles, gaudebam, et gratias agebam tibi,... et lætabar admirans. (*Id.*)

(89) Ingravescente morbo exercebatur.... Ergò, die nono ægritùdinis suæ, quinquagesimo et sexto anno ætatis suæ,... anima illa religiosa et pia corpore soluta est. (*Id.*)

(90) Premebam oculos ejus. (*Id.* 12.)

(91) Quasi dilaniabatur vita quæ una facta erat ex meâ et illius. (*Id.*)

(92) Oculi mei, violento animi impetu, resorbebant fontem suum usque ad siccitatem, et in tali luctamine valdè malè mihi erat..... Cùm ecce corpus elatum est, imus, et redimus sine lacrymis, etc. (*Id.*)

(93) Neque enim decere arbitrabamur, funus illud questibus lacrymosis gemitibusque celebrare : quia his plerumque solet deplorari quædam miseria morientium, aut quasi omnimoda exstinctio. At

illa nec miserè moriebatur, nec omninò moriebatur. (*Id.*)

—

(94) Exaudisti eam, nec despexisti lacrymas ejus. (*Id.* III, 4.)

—

(95) ... Quærente Augustino: « Quid ? omnis,
» qui quod vult habet, beatus est? » tùm mater:
« Si bona, inquit, velit et habeat, beatus est: si
» autem mala velit, quamvis habeat, miser est....
» Omnes aiunt esse beatos, qui vivunt ut ipsi
» velint. Falsum id quidem: velle enim quod non
» deceat, idem ipsum miserrimum : nec tàm mi-
» serum est, non adipisci quod velis, quàm
» adipisci velle quod non oporteat: plus enim
» mali pravitas voluntatis affert, quàm fortuna
» unquàm boni. » ..... Porrò, cùm.... demonstrasset Augustinus: Bonis fortunæ fieri neminem beatum posse, quia amitti possunt; quisque autem quod amitti potest, si amat, non potest non timere nè amittat: « Etiamsi securus sit,
» inquit mater, ea se omnia non amissurum, ta-
» men talibus satiari non potest : ergò et eò mi-
» ser, quò semper est indiguus. » Cui Augustinus:
« Quid ? His omnibus abundans atque circum-
» fluens, si cupiendi modum statuat, eisque contentus decenter jucundèque perfruatur, nonne
» tibi videtur esse beatus ? » — « Non ergò, inquit
» illa, istis rebus, sed animi sui moderatione bea-
» tus est. » *(De Vitâ Beatâ.)*

(96) In quibus verbis illa sic exclamabat, ut obliti penitùs sexùs ejus, magnum aliquem virum considere nobiscum crederemus : me interim, quantùm poteram, intelligente, ex quo illa et divino fonte manarent. (*Id.*)

---

(97) ... « Cùm in sapientiâ tantùm profeceris,
» (*mater*), ut jàm nec cujusvis incommodi fortuiti,
» nec ipsius mortis (quod viris doctissimis difficil-
» limum est), horrore detinearis,.quam summam
» philosophiæ arcem omnes confitentur; egone
» me non libenter tibi etiam discipulum darem ? »
(*De Ordine :* Lib. II.)

---

(98) .... « Hæc... cognitione.... quidem multis
» ardua, tibi tamen (cujus ingenium quidem mihi
» novum est, et cujus animum vel ætate vel ad-
» mirabili temperantiâ remotissimum ab omnibus
» nugis, et à magnâ labe corporis emergentem,
» in se multùm exsurrexisse cognosco), tàm erunt
» facilia, quàm difficilia tardissimis miserrimèque
» viventibus. » (*Id.*)

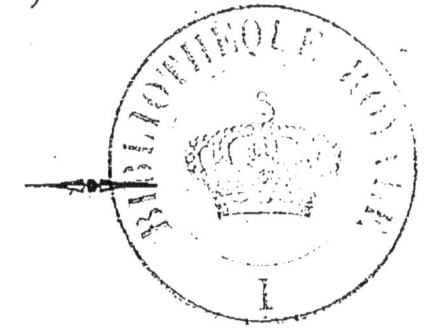

www.ingramcontent.com/pod-product-compliance
Lightning Source LLC
LaVergne TN
LVHW050631090426
835512LV00007B/791